MOSAICO ITALIANO
Racconti per stranieri
10

serie *Storie di Margherita*

Roberta Andres

Margherita e gli altri

LIVELLO 2/4:
Una madre apprensiva
Il vestito da sposa

LIVELLO 3/4:
Un mese in montagna
Natale

BONACCI EDITORE

Foto in copertina di Riccardo Fidenzi

Printed in Italy

Bonacci editore srl
Via Paolo Mercuri, 8
00193 ROMA (Italia)
tel:(++39)06.68.30.00.04
fax:(++39)06.68.80.63.82
e-mail: info@bonacci.it
http://www.bonacci.it

ISBN 88-7573-367-8

UNA MADRE APPRENSIVA

– Insomma, papà, questa volta ha veramente passato ogni limite.

Margherita, nervosissima, così diceva al padre che l'ascoltava sorridendo, mentre lei giocava senza tregua[1] con gli anelli che portava alle dita, fermandosi soltanto ogni tanto per allontanare un ciuffo di capelli da un occhio.

– Da oggi in poi non sopporterò più niente: va bene la mania di farle due squilli di telefono ogni volta che rientro a casa, va bene tutto il resto, ma che adesso si permetta di interferire[2] su chi ricevo a casa mia e a che ora, questo no!

– Tu lo sai che tua madre è apprensiva[3], si preoccupa per ogni cosa – rispose il padre continuando a sorridere bonario, guardandola – per la tua reputazione[4], perché ha paura che tu abbia brutte sorprese da persone che consideri amiche: sono trent'anni che la conosci, no?

– Ecco, appunto, hai detto bene – riprese Margherita alzando un po' la voce – appunto perché sono trent'anni e non tredici, io non ne posso più, ed è ora per lei di smetterla di trattarmi come una bambina.

– Ma guarda che non c'è bisogno di arrabbiarsi così tanto e di urlare prima con lei e adesso con me e sbatterle la cornetta del telefono in faccia[5] come hai fatto ieri.

– Senti, papà, per favore, non ti ci mettere anche tu, altrimenti è inutile che io sia venuta a parlare con te: se ti interessa di sentire la mia campana[6], bene, ma se pensi che ha ragione lei puoi dirmelo subito e chiudiamo l'argomento. Oltretutto, prima di riattaccare ho detto ciao, quindi non le ho chiuso il telefono in faccia, ma questo lei scommetto che non te l'ha detto.

---

1 *Senza tregua*: senza fermarsi.

2 *Interferire*: intervenire in fatti che non la riguardano.

3 *Apprensiva*: che facilmente prova ansia, preoccupazione.

4 *Reputazione*: quello che pensano gli altri di noi, della nostra moralità.

5 *Sbattere la cornetta del telefono in faccia*: chiudere la comunicazione telefonica senza salutare.

6 *Sentire la mia campana*: ascoltare le mie ragioni, quello che penso io.

– Me l'ha detto, me l'ha detto, sta' tranquilla – rispose il padre con voce conciliante[7] – non ti arrabbiare anche con me, per favore. Non sto dando ragione a lei, sto solo cercando di farvi fare pace, perché quando litigate soffrite allo stesso modo. Non sarebbe meglio cercare di capirsi ed essere più tolleranti?

– Il problema è che la mamma secondo me ha bisogno di farsi curare: ma come si fa a pensare che un amico che mi conosce da anni, con cui sono andata a fare un sacco di[8] gite anche da sola, solo perché entra nel mio appartamento alle undici di sera a bere qualcosa, si tramuta in un pazzo assassino o in un bruto violentatore?

– Ma lei non ha detto questo.

– Peggio: cosa ha detto, papà? Ha detto che io sono poco seria perché l'ho invitato, che se mi succedeva qualcosa me lo ero meritato... insomma, il peggio del luogo comune[9] anni Cinquanta mischiato alla cronaca nera e ai gialli di quart'ordine.

– Effettivamente devo ammettere che ha una fantasia un po' morbosa[10].

– Morbosa? Papà, tu sei troppo gentile: è pazza!

La conversazione andava avanti su questo tono e questo argomento da quasi un'ora, Margherita cominciava ad essere stanca e aveva voglia di andare via, mentre il padre continuava come sempre ad essere dolce e paziente.

– Senti, papà – disse lei cercando di controllarsi, di abbassare la voce che quando si arrabbia diventa stridula[11], e chinandosi sulla fiamma che lui le offriva per accendersi l'ottava sigaretta della mattinata – chiariamo un punto: io me ne sono andata a vivere da sola proprio perché non ne potevo più di dover sempre rendere conto alla mamma dei miei orari, di quando uscivo, con chi e a fare cosa, di dover lasciare il numero di telefono degli amici o il nome delle pizzerie...

– Ed è per questo che a Natale ti abbiamo regalato il cellulare![12]

---

7 *Conciliante*: che vuole mettere pace.

8 *Un sacco di*: molte.

9 *Luogo comune*: idea banale molto diffusa.

10 *Morbosa*: anormale, assurda, esagerata.

11 *Stridula*: acuta

12 *Cellulare*: telefono portatile.

– Ecco, anche questa, bella idea, che poi tanto lo so che è stata sua: così mi può rintracciare in qualsiasi momento, sono sempre a rapporto: ci manca solo che si compri un radar per visualizzarmi[13] anche nello spazio, così poi ho proprio finito di vivere!

A questa battuta il padre sorrise un po' di più, ma senza esagerare, perché non voleva dare a Margherita l'impressione di non prenderla sul serio.

– Io sono stufa, papà, veramente stufa, non capisco perché devo sopportare per tutta la vita le sue domande e i suoi giudizi; poi, soprattutto la cosa che mi fa imbestialire[14] è il modo: mica ha il tono di voce e l'espressione di una che chiede per curiosità o tanto per parlare... No! Lei indaga, giudica, con l'arroganza[15] e l'aggressività di chi ha il diritto, anzi il dovere di controllare una povera scema o una bambina.

– Margherita, non lo dire a me che ho sopportato queste cose per trentacinque anni.

– Beh – disse Margherita scostando i fiori che le impedivano di vedere il padre ogni volta che si spostava un po' più a destra – il fatto che tu l'hai sopportata non mi obbliga a fare lo stesso: oltretutto tu te la sei scelta, a me è capitata per caso.

Detto questo Margherita riprese fiato spegnendo la sigaretta nell'acqua del vaso di fiori, cosa che di solito faceva arrabbiare il padre, che però non disse niente e non smise neanche di sorridere, per continuare ad essere dolce con la figlia che finalmente si stava calmando.

Margherita riprese a parlare a voce più bassa e lenta:

– In definitiva, le devi spiegare una volta per tutte che non sopporterò più ingerenze[16] nella mia vita, che se non cambierà il suo modo di fare comincerò a telefonare e ad andarla a trovare ogni morte di Papa[17], nelle feste comandate[18] e non le racconterò più niente di me e dei fatti miei. Stavolta faccio sul serio.

---

13 *Visualizzarmi*: vedermi.

14 *Imbestialire*: arrabbiarsi tanto da perdere l'uso della ragione.

15 *Arroganza*: senso di superiorità.

16 *Ingerenze*: interventi in fatti che non la riguardano.

17 *Ogni morte di Papa*: molto raramente.

18 *Feste comandate*: per i cattolici, le feste in cui c'è l'obbligo di non lavorare e andare a Messa.

Seguì una pausa di silenzio. A questo punto nessuno dei due sapeva cosa dire, perciò Margherita concluse:

– Ora vado, papà, ciao, e scusami se come al solito ti ho coinvolto nelle nostre beghe[19].

Detto questo Margherita, che ora era veramente dispiaciuta di essersi arrabbiata così tanto col padre, si alzò lentamente e con l'aria un po' triste e imbarazzata mandò un bacio alla fotografia del padre.

Lui, nel vetro sulla lapide[20] di marmo, continuava a sorridere.

---

19 *Beghe*: litigi per stupidi motivi.

20 *Lapide*: pietra sepolcrale, che porta di solito un'iscrizione relativa al defunto.

IL VESTITO DA SPOSA

Cara Margherita,

ti scrivo dopo aver parlato al telefono con tua madre per più di un'ora; sono ancora commossa[1] alla notizia che hai finalmente deciso la data del tuo matrimonio.

Tua mamma mi ha raccontato tutti i particolari: dove andrete ad abitare, dove celebrerete le nozze[2], persino tutte le portate[3] del pranzo; è veramente felice, non sta più nella pelle[4] e la posso capire: ricordo che quando si è sposata lei io ho vissuto mesi bellissimi accompagnandola nei preparativi, scegliendo insieme a lei ogni cosa al punto che il futuro marito – tuo padre – si è sentito escluso[5] più di una volta e ha protestato. Ma, lo sai, queste sono cose da donne, da che mondo è mondo...

E siccome anche la tua nonnina è una donna, ho pensato di scriverti, oltre che per inviarti le mie felicitazioni, anche per chiederti se hai già pensato all'abito per il grande giorno. Se non l'hai ancora fatto – e sono quasi sicura visto che il detto "chi ha tempo non aspetti tempo" non fa per te – volevo informarti che tua madre sicuramente conserva l'abito nuziale che è stato suo e ancora prima mio e ricordarti la nostra tradizione familiare di tramandarsi il vestito, fino a quando è in buono stato, di generazione in generazione[6]. Io l'ho dato a tua madre, e lei può – se sei d'accordo – darlo a te, che tra l'altro hai più o meno la sua taglia[7] di quando era ragazza.

È strano che tua madre, come mi ha detto al telefono, non te ne ha parlato, ma probabilmente, sapendoti sempre insofferente[8] alle

---

1 *Commossa*: si dice di chi partecipa affettivamente al dolore o alla gioia di un altro.

2 *Celebrare le nozze*: sposarsi con rito religioso.

3 *Portate*: i vari cibi che vengono serviti a tavola (l'antipasto, il primo, il secondo, ecc.)

4 *Non stare più nella pelle*: si dice, metaforicamente, di chi prova tanta gioia.

5 *Escluso*: messo da parte, non coinvolto.

6 *Tramandare di generazione in generazione*: passare di madre in figlia.

7 *Taglia*: la misura degli abiti.

8 *Insofferente*: impaziente, incapace di adattarsi.

tradizioni, pensa che tu non vuoi indossarlo o che la foggia[9] del vestito può non piacerti. Pensaci un po': potresti andare a casa il prossimo fine settimana e provarlo. Se ti piace, se ti sta bene, puoi usarlo.

Sarei felicissima di vederti il giorno del tuo matrimonio con l'abito che è stato mio e che ho visto addosso a tua madre nel giorno più bello della sua vita.

Fammi sapere, piccola mia e intanto ricevi tutti i baci che ti mando.

Nonna Anna

Cara nonna,

non avevo dubbi sul fatto che mamma ti avrebbe raccontato per filo e per segno[10] tutti i particolari del mio prossimo matrimonio. Sicuramente ti avrà descritto questa cosa come un'epopea[11], quando invece, ti assicuro, tutto sarà molto semplice, ci saranno pochi invitati e nulla di particolarmente sfarzoso[12].

In realtà, come tu puoi immaginare, io e Gigi avremmo fatto anche a meno di sposarci, tanto per noi non c'è nessuna differenza. Uno dei motivi che ci ha spinto a celebrare il matrimonio è evitare che mamma sia presa da crisi isteriche. Tra l'altro, come sai, io tornerò a casa solo tre giorni prima della data, perché sono impegnatissima con il lavoro: di conseguenza sta pensando a tutto lei, insieme alla mia futura suocera.

A proposito del vestito, hai indovinato: non ho avuto neanche il tempo di pensarci. A dire il vero, sabato scorso ho fatto un giro in centro e ho guardato le vetrine dei negozi per spose, ma non ho avuto né tempo né voglia di entrare a chiedere informazioni. È un

---

9 *Foggia*: aspetto, forma.

10 *Per filo e per segno*: in modo preciso, punto per punto.

11 *Epopea*: un racconto di eroi e grandi imprese.

12 *Sfarzoso*: ricco e lussuoso.

problema, perché almeno di questo devo occuparmi io, visto che la mamma porta quattro taglie più di me. Per cui, guardando la cosa anche da un punto di vista pratico, posso andare a vedere questo vestito, provarlo e se mi piace, continuare la tradizione. Ma lo conservi tu o la mamma? Perché a casa non l'ho visto da molti anni a questa parte!

Tornerò in città tra tre settimane: se me lo fate trovare pulito e pronto, possiamo decidere insieme. A proposito, lo sposo lo può vedere? Vorrei chiedergli un parere.

Un bacio,
Margherita

Margheritina mia,

sei veramente un disastro! Certo che il tuo fidanzato non può vederlo! Anzi, non lo può vedere nessun uomo! Ma come fai ad essere così disinvolta[13], nonostante l'educazione che hai avuto da mia figlia?

Comunque, a parte il rimprovero, sono entusiasta[14] che tu stai pensando all'idea che ti ho dato. Certo, se il vestito non ti sta bene, se non ti piace o si è rovinato stando chiuso tanti anni nell'armadio, non pretendo assolutamente che tu lo metta.

Comunque è molto semplice, secondo il tuo stile. Quando è stato fatto non eravamo tanto ricchi e inoltre, dovendo rappresentare la purezza della sposa che lo indossava, tanto sfarzo era fuori luogo.

Mi ricordo che invece, quando si è sposata tua madre, andavano di moda vestiti molto più ricchi di decorazioni[15] e ci sembrò poco adatto, ma lei insistette per indossarlo e continuare la tradizione; ricordo che subì le critiche di più di un'amica!

---

13 *Disinvolta*: sicura, senza incertezze (qui ha però il significato di "spregiudicata")

14 *Entusiasta*: molto contenta.

15 *Decorazioni*: elementi che rendono più bello un vestito o un altro oggetto.

Dirò a tua madre di cercarlo in soffitta e portarlo a lavare e smacchiare, in modo che sia a posto per il tuo arrivo.

Ti aspetto con ansia,

la nonna

Cara Margherita,

so che la nonna ti ha scritto a proposito del tuo matrimonio. Mi ha raccontato di averti chiesto di indossare il vestito di famiglia, secondo la tradizione a cui lei tiene tanto[16].

Io non sono assolutamente d'accordo: innanzitutto già ai miei tempi quel vestito era fuori moda, figuriamoci come può apparire ora che sono passati altri trent'anni; ma a parte questo, il problema è che, come ho detto alla nonna, io non so dove è finito questo vestito.

La nonna dice che devo averlo io ma io non l'ho dai tempi in cui si è sposata zia Silvana, che pure lo ha indossato.

La nonna non se lo ricorda o forse, come sai bene, non vuole ricordare niente della zia da quando è morta, ma sono andata a guardare l'album di foto del matrimonio di mia sorella ed ho avuto la conferma che anche lei aveva dovuto subire[17] questa odiosa tradizione[18] (per cui tu saresti la quarta sposa che lo indossa).

Al momento della morte, le cose della zia finirono non si sa bene dove, perciò temo che insieme al resto sia sparito anche il vestito, che forse aveva conservato lei, sposatasi cinque anni dopo di me.

Tra l'altro, mi dispiace parlare di cose macabre[19], ma non è escluso che la zia, che non aveva avuto ancora bambini, sia stata seppellita con il vestito da sposa indosso. Della preparazione della salma[20]

---

16 *Tiene tanto*: ha a cuore, considera importante.

17 *Subire*: accettare delle cose senza poter reagire.

18 *Odiosa tradizione*: sgradevole abitudine che passa di generazione in generazione.

19 *Macabre*: che riguardano la morte.

20 *Salma*: cadavere, corpo del defunto.

di mia sorella si occupò qualcuno delle pompe funebri[21], io non la vidi nemmeno perché ero distrutta e al settimo mese di gravidanza[22]: insomma forse questa è la fine fatta da quel vestito a cui la nonna tiene ancora tanto.

Non me la sento[23] di parlarle di queste cose, visto che ha una certa età e la memoria labile[24], specialmente intorno agli avvenimenti di quella tragedia.

In definitiva ti prego di scoraggiarla, dicendole che hai già provveduto o che l'abito non ti piace; eviteremo situazioni spiacevoli e almeno tu potrai fare di testa tua[25], cosa che io non ho avuto modo di fare: come ti ho confidato[26], del giorno del mio matrimonio io non ho potuto decidere nulla; vorrei che almeno tu fossi libera.

Fammi sapere come hai risolto la cosa. Ti aspetto,

mamma

Cara mamma,

la tua lettera è abbastanza pungente[27] verso la nonna, e sinceramente mi dispiace.

Mi rendo conto che è stato difficile affermare la propria autonomia[28] con una persona dal carattere così forte, che ha influito[29] sulle tue scelte, ma per me è tutta un'altra cosa: stai tranquilla che non mi sento in dovere né tanto meno costretta ad accontentarla. Ti dirò di più: la sua proposta mi è piaciuta; se si può realizzare, mi sembra bello, originale e più intelligente che comprare un vestito destinato a finire in un armadio.

---

21 *Pompe funebri*: impresa che provvede al trasporto dei defunti e alla sepoltura.
22 *Settimo mese di gravidanza*: aspettavo un bambino da sette mesi.
23 *Non me la sento*: non ho il coraggio.
24 *Memoria labile*: non ricorda bene.
25 *Di testa tua*: come vuoi, senza ascoltare consigli.
26 *Confidato*: detto sinceramente.
27 *Pungente*: che vuole colpire, far del male a qualcuno.
28 *Autonomia*: capacità di provvedere a se stessi.
29 *Influito*: esercitato un'azione, condizionato il comportamento.

Quanto a te, proprio non capisco come tu puoi continuare a provare risentimento[30] per tua madre dopo tanti anni, quando ormai lei è una vecchia signora stanca e tu una donna matura!

Per il fatto che il vestito non si trova e la questione della zia Silvana, mi sono ricordata che il tuo vestito da sposa era in soffitta quando ci andavo a giocare da bambina con Francesca: aprivamo l'armadio e lo guardavamo estasiate[31], lo toccavamo, ma non avevamo mai il coraggio di prenderlo e indossarlo. Non te l'ho mai confessato perché pensavo che ti saresti arrabbiata, visto che per te era una cosa così importante!

Ma a parte i ricordi dell'infanzia, visto che la zia Silvana è morta quando io non ero ancora nata, abbiamo risolto il problema: non può esserle stato messo indosso, visto che io lo vedevo in soffitta quando avevo sette-otto anni. Devi solo cercarlo meglio o cercare di ricordare se l'hai dato in beneficenza[32] dopo. Però sbrigati, perché mancano solo due mesi al matrimonio, e se devo comprarne un altro, temo che qualsiasi sarta mi dirà che ha bisogno di più tempo.

Ora ti mando un bacio; ci vediamo il 24.

Margherita

Cara Margherita,

ti scrivo brevemente per raccomandarti di stare tranquilla: ho deciso di occuparmi io del vestito, perché tua madre continua a dirmi che non ha il tempo di andare in soffitta a cercare e ogni sera rimanda al giorno dopo.

Si sta comportando in modo veramente incosciente[33]: manca pochissimo al tuo matrimonio e in un modo o nell'altro la questione si deve risolvere! Inoltre, è una buona occasione per chiarire che fine ha fatto questo benedetto vestito!

---

30 *Provare risentimento*: sentire rabbia.

31 *Estasiate*: piene di meraviglia e ammirazione.

32 *In beneficenza*: a persone povere, che ne hanno bisogno.

33 *Incosciente*: indifferente, irresponsabile.

Capisco che tua madre ha molto da fare, dato che tu le hai affidato tutta l'organizzazione della cerimonia[34], ma mi sembra che sta trascurando una parte fondamentale.

Per questo ho deciso che andrò io stessa a cercare in soffitta: avrai notizie al più presto!

Nonna Anna

Cara Margherita,

forse questa lettera sarà un po' sconclusionata[35]. Mi devi scusare, ma sono ancora sconvolta dal litigio[36] che ho avuto con tua nonna non più di un'ora fa: mi tremano le mani, lei è uscita sbattendo la porta e io ho voglia di piangere per la rabbia.

Mi avevi scritto che non devo più provare rancore[37] ed essere pungente con lei, ma ti assicuro, certe ferite non guariscono anche se si invecchia, si hanno dei figli, si ingrassa e vengono le rughe. Forse l'unico modo per cancellarle è che spariscano dalla faccia della terra[38] le persone che ci hanno fatto male.

Lo so che sono cattiva, lo so di darti un dispiacere, ma la nonna non è cambiata da quando io ero ragazza: è sempre la tiranna[39] che era, continua nonostante il tempo passato a giudicarmi, ad entrare nella mia vita, a dimostrare che nemmeno il mio matrimonio, nemmeno gli anni trascorsi lontano da lei, nemmeno un oggetto unico nella vita e personale come l'abito nuziale mi appartengono.

Forse è meglio spiegarti cosa è successo.

Dopo la tua lettera, sono andata a cercare meglio in soffitta e dopo molto rimestare[40] ho finalmente trovato questo maledetto vestito da

---

34 *Cerimonia*: rito, manifestazione.

35 *Sconclusionata*: incoerente, che non segue una logica.

36 *Sconvolta dal litigio*: impressionata, turbata per il contrasto avvenuto.

37 *Rancore*: forte risentimento per un torto ricevuto.

38 *Sparire dalla faccia della terra*: morire.

39 *Tiranna*: persona che impone la propria volontà agli altri.

40 *Rimestare*: cercare, frugare.

sposa, solo che è così rovinato che non puoi certo indossarlo. Così l'ho lasciato dove si trovava e ho detto alla nonna che non c'era e che non avevo la minima idea di dove era finito, per cui non dovevamo pensarci più e dovevamo dirti al più presto di comprarne un'altro.

Lei evidentemente non mi ha creduto, anche perché io non sono brava a dire le bugie. Lì per lì non ha detto nulla, ma oggi, rientrando a casa, l'ho trovata in soffitta: sono andata su con le buste della spesa ancora in mano, un po' spaventata, perché so che lei ha le chiavi di casa ed entra quando io non ci sono: la chiamavo dalle scale, ma lei non rispondeva.

Quando sono arrivata in soffitta, ho avuto un colpo[41]: era seduta per terra, in mezzo ai miei diari, col vestito da sposa steso sul pavimento, e strappava freneticamente[42] alcune pagine da uno dei quaderni.

Io ho cominciato a gridare, ho cercato di riprendermi quello che aveva in mano, lei ha reagito e io l'ho cacciata di casa. Mentre scendeva le scale le ho gridato contro tutto quello che penso e che ho pensato in questi anni: ero furibonda[43], lo sono ancora.

Non voglio più vederla, non voglio più parlare di quel vestito, ti prego solo di questo: qualsiasi cosa ti dica di me, non crederle, e ricordati sempre che ti voglio un mondo di bene.

La tua mamma

Cara Margherita,

sono passati due giorni dall'orrenda[44] scenata che forse tua madre ti ha raccontato, anche se non so in quale modo.

A parte il problema del vestito, che comunque è inservibile[45] da diversi anni, ho il dovere di mandarti alcune pagine di un diario che ho trovato nella soffitta di casa tua, nello stesso scatolone che con-

---

41 *Ho avuto un colpo*: mi sono spaventata.

42 *Freneticamente*: con fretta e furia.

43 *Furibonda*: molto arrabbiata.

44 *Orrenda*: molto brutta e spiacevole.

45 *Inservibile*: che non si può più usare.

teneva i brandelli[46] di quello che era la nostra tradizione di famiglia.

Il vestito è tutto tagliato. Sono tagli fatti a bella posta[47], non attribuibili[48] al tempo. Del resto le pagine che ti mando, quelle che tua madre l'altro giorno non è riuscita a strapparmi di mano perché le avevo nascoste quando l'ho sentita salire le scale, confermano e spiegano quello che è successo.

Ti mando questi fogli perché credo che tu devi sapere come stanno le cose: sei una donna, ed è bene che sposandoti tu abbia chiari gli esempi che non devi seguire.

Sapevo che tua madre non era convinta di sposarsi, ma lei era così indecisa, debole e con le idee confuse che non avrebbe fatto niente nella vita, se io non la spingevo. Speravo che almeno fosse onesta e remissiva[49]: mi sono sbagliata. Adesso ho avuto la prova che ha avuto un amante.

Mi dispiace di darti un dolore, ma non verrò al tuo matrimonio. Vieni a trovarmi appena puoi con tuo marito.

Ti abbraccio con affetto,

Nonna Anna

P.S. Questa che segue è la copia di una delle pagine che ho strappato:

7/1/1976

Oggi gli ho dato la prova d'amore che mi aveva chiesto: finalmente ho trovato il coraggio di distruggere il vestito da sposa.

Mario è partito per lavoro, ero sicura che non c'era pericolo, Margherita era da mia madre, dovevo andare a prenderla io visto che mamma non guida e non poteva riportarmela all'improvviso, così ho fatto entrare Giulio, l'ho portato in soffitta e ho cominciato a tagliare il vestito, come mi aveva chiesto.

---

46 *Brandelli*: pezzi di stoffa stracciata.

47 *A bella posta*: volontariamente, con intenzione.

48 *Attribuibili*: dovuti, causati da.

49 *Onesta e remissiva*: leale, che rispetta le regole e le leggi e non si ribella.

Lui era molto felice, ad un certo punto mi ha chiesto di indossarlo; devo dire che con gli squarci[50] che avevo fatto nella stoffa, mi stava molto meglio del giorno del mio matrimonio.

Mi sono guardata nello specchio e mi sono piaciuta molto, anche i capelli stavano molto meglio sciolti, che con quel ridicolo chignon[51] che avevo quel giorno. L'ho fatto felice, ma soprattutto mi è sembrato finalmente di distruggere quella maschera odiosa[52] che ho portato tutto questo tempo.

Caro diario, pensi che dovrei essere pentita? Non lo sono affatto, anzi: finalmente mi sto vendicando di tutto quello che mi hanno fatto costringendomi a sposarmi.

---

50 *Squarci*: strappi.

51 *Ridicolo chignon*: lo chignon è una pettinatura, ormai fuori moda (per questo strana, buffa), costituita da una crocchia di capelli raccolta sulla nuca.

52 *Maschera odiosa*: atteggiamento falso e sgradevole.

UN MESE IN MONTAGNA

Il paese era fatto tutto a scale ma lui, a casa, prendeva sempre l'ascensore anche se abitava al secondo piano. Questa era solo una delle cose che gli rendevano insopportabile quel soggiorno[1], per non parlare poi della casa che era stato costretto ad affittare.

– Qui in paese le case sono tutte uguali – gli aveva detto il sindaco – cerchi di adattarsi, sa, poi se è soltanto per un mese...

Un mese in una casa simile! Non era una topaia[2], anzi era pulita, ben tenuta, i mobili erano in buono stato, ma mancavano gli elementi che lui riteneva indispensabili[3]: il riscaldamento, gli elettrodomestici[4], la televisione. Qui, figuriamoci!, mancava persino il telefono.

Ironia della sorte[5]: nell'unico mese della sua vita in cui non ci sarebbero state donne di servizio, madre o moglie a pensare alle incombenze quotidiane[6] di cui non si era mai occupato, mancava anche la tecnologia[7], così avrebbe dovuto lavare i piatti a mano, accendere il camino e le stufe, oltre a cucinare e rifarsi il letto. Cominciava a sentirsi Robinson Crusoe[8].

– Un mese di aria pura, riposo, passeggiate e lunghe dormite: ecco cosa ti ci vuole – aveva detto il medico – vedrai come starai meglio dopo. E, ovviamente, niente sigarette.

Invece le sigarette erano le sole a fargli compagnia, perché nessuno della sua famiglia aveva voluto accompagnarlo, neanche Margherita. Si era consolato dicendosi che ognuno ha i propri impegni, che certo non poteva pretendere che gli altri perdessero del tempo prezioso a causa sua; ma la solitudine, lo sapeva, gli sarebbe

---

1 *Soggiorno*: periodo passato in un luogo, di solito in vacanza.

2 *Topaia*: casa brutta e sporca.

3 *Indispensabili*: assolutamente necessari, di grande importanza.

4 *Elettrodomestici*: apparecchi a corrente elettrica, usati nei lavori domestici.

5 *Ironia della sorte*: beffa amara, presa in giro del destino.

6 *Incombenze quotidiane*: lavori di tutti i giorni.

7 *Tecnologia*: tutto ciò che riguarda le applicazioni della tecnica alla vita quotidiana.

8 *Robinson Crusoe*: il personaggio del romanzo di Daniel Defoe che naufraga su un'isola deserta.

pesata più di ogni altra cosa. Oltretutto disperava[9] di trovare in quel paese di qualche centinaia di abitanti qualcuno con cui parlare.

Era arrivato solo da poche ore e già si chiedeva cosa succedesse in ufficio, cosa facessero i suoi figli, sua moglie, i suoi amici, sicuri nei loro tragitti abituali[10], nelle strade piene di folla e di rumore. Si rispose con un altro pensiero sgradevole: "Certo non pensano a me!".

Allora decise di fare qualcosa per adattarsi, per scacciare l'ansia che gli causava tutto quel silenzio: "Tutto sommato" diceva a se stesso mentre sistemava le sue cose nell'armadio e nel comodino "qualcosa da fare e da vedere ci sarà anche qui. Poi il sindaco[11] mi è sembrato una persona colta e civile[12]. Chissà se gioca a tennis... In più ho portato diversi libri".

– Insomma – disse ad alta voce – un mese in montagna non ha mai ucciso nessuno!

In fretta, approfittando della ritrovata energia, si vestì di tutto punto[13] e uscì.

La scalinata girava dietro la casa e scendeva fino a una piazzetta che terminava da un lato con un belvedere[14] affacciato sui colli. Le panchine erano occupate da vecchi col cappello che gli sembrarono tutti uguali: indolenti[15], o forse stanchi, color mattone per il troppo sole. Lo guardavano incuriositi ma non proprio bonari, per cui lui, che si sentiva a disagio in giacca e cravatta, per vincere l'imbarazzo entrò nell'unico bar del paese.

Mentre gli serviva un caffè (che per la verità gli era stato proibito), la vecchina sorridente dietro al bancone gli consigliò: – Andate a vedere[16]

---

9 *Disperava*: non credeva.

10 *Tragitti abituali*: spostamenti, percorsi che si fanno spesso.

11 *Sindaco*: capo dell'Amministrazione comunale, incaricato di alcune funzioni da parte dello Stato.

12 *Colta e civile*: che ha cultura ed educazione.

13 *Di tutto punto*: completamente.

14 *Belvedere*: luogo da cui si vede un bel panorama, una bella vista.

15 *Indolenti*: pigri, che vogliono evitare qualsiasi sforzo.

16 *Andate a vedere*: gli abitanti del paese parlano dando del 'voi', come si faceva in Italia in passato e come ancora si fa, specialmente in zone di campagna e tra anziani, in un registro più formale. Il protagonista invece usa il 'lei' per rivolgersi a qualcuno, come è ormai di uso corrente e socialmente più accettato.

il laghetto, è a due chilometri dal paese, – è piccolo ma è carino; poi potete visitare il cimitero, e se c'avete i piedi buoni – aggiunse – la rocca[17] che sta in cima alla montagna, quattrocento metri più su.

Quella sera andò a dormire senza aver cenato, ma dall'indomani si rassegnò[18] a fare le faccende di casa; altrettanto diligentemente, nei giorni successivi visitò il lago, il cimitero, la rocca; tanta era la sua buona volontà a far passare i giorni che scoprì persino una pineta, al termine del paese. Era la cosa più bella che vide: fitta di alberi, inerpicata sul pendio[19] e attraversata da un sentiero di sassi bianchi, piena di odori e di suoni.

Tuttavia, l'orgoglio della scoperta e la buona volontà sparirono in pochi giorni: le poche cose che il paese gli offriva cominciarono a diventare monotone[20], il tempo non passava mai, le giornate si trascinavano con lentezza. Alla prima settimana di esplorazione[21] ne seguirono una seconda e una terza di esasperazione[22], tanto che si convinse sempre più che era meglio ripartire: "Sono venuto qui per stare bene, ma dato che ottengo l'effetto contrario[23] nessuno mi obbliga a restare".

Ormai deciso a ripartire il giorno successivo, un pomeriggio, dopo il solito pranzo da solo nella casa silenziosa, uscì per sedersi al sole sui gradini fuori della cucina e gli passò davanti un vecchio che aveva già visto entrare altre volte nella casa a fianco, che gli sorrise e gli disse:

– Vi annoiate, eh? Anche i miei figli, da quando sono diventati cittadini[24], qua non ci resistono più. Ho un bel da fare a cercare di interessarli al museo, cercano di andarsene prima che possono.

Lui aveva cominciato ad ascoltare con un sorriso di convenienza[25], ma gli venne spontaneo chiedere[26]:

---

17 *Rocca*: fortezza, piccolo castello, posto in un luogo elevato.
18 *Si rassegnò*: accettò con pazienza.
19 *Inerpicata sul pendio*: messa in pendenza, in un posto difficile da raggiungere.
20 *Monotone*: sempre uguali, noiose.
21 *Esplorazione*: ricerca e visita di luoghi sconosciuti.
22 *Esasperazione*: irritazione, risentimento.
23 *Effetto contrario*: conseguenza opposta a quello che ci si aspetta.
24 *Cittadini*: abitanti della città (qui con significato ironico).
25 *Di convenienza*: formale, non veramente sentito e spontaneo.
26 *Venne spontaneo chiedere*: chiese istintivamente, senza pensarci.

– Quale museo?

– Lo volete vedere? –, rispose il vecchio. Lo portò in casa, facendogli strada attraverso la cucina e le camere, fino ad arrivare, in fondo alla casa, in uno stanzone pieno delle cose più strane, che cominciò a mostrargli: messali[27] in latino, bambole di porcellana, monili[28] in bronzo, ogni tipo di moneta, frammenti di vasi, ricettari[29] antichi, fucili rudimentali[30], vicino agli attrezzi con cui un tempo in paese si faceva il formaggio. C'erano oggetti sufficienti a riempire diverse stanze, e se il vecchio non mentiva[31] sull'origine e l'antichità dei suoi cimeli[32], rischiava di essere denunciato alla Sovraintendenza dei Beni Artistici e Culturali[33].

Lui guardava incuriosito[34] passando da un oggetto all'altro, finché il vecchio lo fermò:

– Se non vi interessa non vi costringo a starmi a sentire.

– Perché mi dice questo?.

– Non vi offendete, ma non state guardando bene: i vostri occhi sulle cose ci corrono.

– Ma ce ne sono così tante che non c'è tempo di osservare tutto – disse cercando di giustificarsi[35].

– E chi vi corre dietro? – si sentì rispondere – qua ci potete tornare quando volete, anche tutti i giorni.

Dopo aver bevuto frettolosamente[36] un bicchiere di vino che gli fu offerto e salutato il vecchio sulla porta di casa, rimase nuovamente solo e per giunta imbarazzato e pentito[37], anche se non capiva bene perché.

Quella scoperta gli era sembrata importante, ma le considerazio-

---

27 *Messali*: libri liturgici che contengono il testo della Messa.

28 *Monili*: gioielli.

29 *Ricettari*: raccolte di ricette.

30 *Rudimentali*: semplici, elementari.

31 *Mentiva*: diceva una bugia.

32 *Cimeli*: oggetti che si custodiscono come resti preziosi del passato.

33 *Sovrintendenza dei Beni Artistici e Culturali*: ente pubblico che conserva e protegge il patrimonio artistico, archeologico, storico italiano.

34 *Incuriosito*: preso dalla curiosità, dalla voglia di sapere.

35 *Giustificarsi*: spiegare le ragioni del proprio comportamento.

36 *Frettolosamente*: facendo presto, in fretta.

37 *Imbarazzato e pentito*: impacciato, confuso e dispiaciuto.

ni[38] del vecchio circa il suo modo di guardare le cose lo offendevano e lo spingevano a non tornare a visitare il "museo" anche se era stato invitato a farlo; all'idea di rincontrare quel tipo provava un senso di disagio[39], che aggiungeva alla noia dei giorni precedenti un altro motivo per andarsene.

Ripartì il giorno dopo, come aveva deciso; si rituffò[40] con piacere nella vita di tutti i giorni: le sue dieci ore in ufficio, le spese il sabato con la famiglia, i ritorni a casa nel traffico lento.

Qualche settimana dopo, quando già i benefici della vacanza in montagna cominciavano a svanire[41] per effetto dello stress, gli arrivò per posta un pacchettino proveniente dal paese, in cui trovò una lettera scritta dal sindaco:

"Egregio[42] dottore,

le scrivo su preghiera dell'anziano signore suo vicino di casa durante il suo recente[43] soggiorno in paese. Per l'avanzata età[44] e chiedendosi a chi può interessare la collezione[45] di oggetti antichi che è riuscito a mettere insieme nel corso della sua vita e delle sue "visite" agli scavi archeologici[46] e ai castelli della zona, egli ha deciso di disfarsene[47], regalando le centinaia di pezzi. Mi prega di mandarle alcune tempere riproducenti gli affreschi della locale chiesa[48] di San Leonardo che raffigurano episodi[49] della vita di San Rocco, raccomandandomi di farle sapere che la chiesa era nei secoli scorsi rifugio[50] in caso di epidemie di peste[51]; nonché l'orologio che trova nel

---

38 *Considerazioni*: osservazioni, giudizi.
39 *Disagio*: sentimento sgradevole.
40 *Si rituffò*: (figurato) si tuffò di nuovo, si impegnò completamente.
41 *Svanire*: diminuire, perdere di intensità.
42 *Egregio*: eccellente. Si usa in formule di cortesia nelle intestazioni delle lettere, come in questo caso.
43 *Recente*: avvenuto da poco tempo.
44 *Avanzata età*: anzianità.
45 *Collezione*: raccolta.
46 *Scavi archeologici*: ricerche sottoterra per trovare oggetti antichi.
47 *Disfarsene*: dare via, liberarsene.
48 *Affreschi della locale chiesa*: i dipinti sui muri della chiesa del paese.
49 *Episodi*: avvenimenti, fatti.
50 *Rifugio*: difesa, riparo.
51 *Epidemie di peste*: diffusioni, in una zona, della malattia infettiva.

pacco: l'oggetto, che è dei primi anni del secolo, le sembrerà certamente strano e inutile ma data l'età del proprietario e il fatto che "a caval donato non si guarda in bocca"[52]*, abbia la gentilezza di accettarlo.*

Mi si chiede inoltre di dirle che le parti mancanti dell'orologio non solo non le servono, ma anzi le sarebbero dannose[53]*.*

Mi scusi per le bizzarrie[54] *contenute in queste mie righe, ma non è colpa mia averle scritte. La saluto cordialmente e spero di rivederla presto in paese".*

Meravigliato e incuriosito, prese dal pacco i cartoncini su cui erano dipinti i soggetti degli affreschi: gli sembrarono interessanti, ma certamente senza valore.

Con impazienza cominciò poi ad aprire l'involucro[55] che avvolgeva l'orologio. Strappando la carta, vide una cassa tonda, che sembrava d'argento, con decorazioni incise[56] sul metallo; mentre pensava che non aveva mai avuto un orologio da taschino[57] e che sarebbe stato divertente sfoggiarlo[58] in occasioni un po' speciali, lo voltò e si accorse che sul quadrante[59] mancavano le lancette. Riprese in mano la lettera del sindaco, e la rilesse d'un fiato: cosa voleva dirgli il vecchio?

---

52 *A caval donato non si guarda in bocca*: il proverbio vuol dire che le cose che ci vengono regalate devono essere apprezzate indipendentemente dalla loro qualità.

53 *Dannose*: che recano danno, che fanno male.

54 *Bizzarrie*: cose strane, che non sono normali.

55 *Involucro*: rivestimento esterno, contenitore.

56 *Decorazioni incise*: abbellimenti, ornamenti impressi su una superficie.

57 *Orologio da taschino*: orologio da portare in tasca.

58 *Sfoggiarlo*: mostrarlo.

59 *Quadrante*: la parte dell'orologio su cui sono segnate le ore.

NATALE

1

Era l'ultimo venerdì prima di Natale, ultimo giorno di scuola prima delle vacanze.

Margherita aveva finito di lavorare alle undici e trenta ed era rimasta in centro a fare compere[1], approfittando dell'orario continuato dei negozi: in libreria per qualche regalo rimasto in sospeso[2], in gastronomia[3] a comprare il salmone per il pranzo del venticinque, poi aveva perso tantissimo tempo a cercare una cartoleria[4], perché le servivano altri fogli di carta da regalo per gli ultimi pacchetti.

Stanca e frastornata[5] per la folla nei negozi, stava tornando a casa per la strada meno trafficata[6], che dalla città portava alla periferia[7], dove lei abitava. Verso nord-ovest il cielo era limpidissimo e cominciava a diventare rosso per il tramonto; lei stese le braccia sul volante per sgranchirle[8] guardando verso l'alto e frenando, perché il semaforo era diventato rosso.

"Se il tempo mette al buono[9] possiamo andare in montagna, almeno il giorno di Santo Stefano" pensò, immaginando la noia dei pranzi di famiglia che l'aspettavano come una condanna[10]: la sera della Vigilia con i suoi, il pranzo di Natale con la famiglia del marito, la sera la riunione con gli amici per scambiarsi i regali.

Insonnoliti[11] per il troppo cibo anche gli amici diventavano noiosi; tutta quella gente le faceva venire la nostalgia[12] dei suoi pomerig-

---

1 *Fare compere*: fare acquisti, comprare.
2 *Rimasto in sospeso*: non ancora comprato.
3 *Gastronomia*: negozio di prodotti alimentari, cibi.
4 *Cartoleria*: negozio di articoli di cancelleria, come quaderni, penne, ecc.
5 *Frastornata*: intontita, con le idee confuse.
6 *Meno trafficata*: dove passano meno automobili.
7 *Periferia*: la zona più esterna e lontana dal centro della città.
8 *Sgranchirle*: distendere, sciogliere le braccia e le gambe.
9 *Mette al buono*: diventa bello.
10 *Condanna*: qualcosa di negativo che non si può evitare.
11 *Insonnoliti*: mezzo addormentati.
12 *Nostalgia*: desiderio, rimpianto.

gi in solitudine, nei giorni feriali[13], mentre aspettava il marito che tornava tardi dal lavoro, leggeva, studiava, pensava nel silenzio.

A volte annottava[14] mentre lei si perdeva nei pensieri, la casa restava al buio e lei girava per le stanze senza accendere le luci, tanto conosceva alla perfezione[15] la disposizione di mobili e oggetti, tutti esattamente dove lei li aveva messi.

Guardava troppo in alto in quel momento, Margherita, così quando sentì un colpo contro il finestrino sobbalzò[16].

In basso, dietro al vetro, c'era appoggiata una piccola mano; dietro, appena più in alto (ma appena appena!), c'era la testa di un bambino: capelli castani, uno sguardo per traverso[17] che invece di guardarla negli occhi chiedendo qualche soldo, scrutava[18] all'interno della macchina, la bocca che si muoveva:

– Cosa dice? – disse Margherita ad alta voce, chiedendo a se stessa.

Il bambino diede un altro colpo al vetro, un piccolo colpo proporzionato[19] alla mano: così almeno lo percepì[20] Margherita, che non era più distratta[21] dal tramonto.

Abbassando il finestrino, prese la borsa per cercare qualche moneta.

Il bambino intanto rimase zitto e fermo, continuando a guardare un punto dentro l'abitacolo[22], mentre lei gli porgeva dei soldi.

– Tieni – disse, accingendosi a[23] premere il pulsante per richiudere il finestrino, mentre le saliva dentro la rabbia, come sempre quando agli angoli delle strade, agli incroci, per terra sui marciapiedi, c'erano dei bambini a chiedere l'elemosina[24].

---

13 *Giorni feriali*: giorni non festivi, in cui si lavora.

14 *Annottava*: si faceva notte.

15 *Alla perfezione*: molto bene.

16 *Sobbalzò*: trasalì, saltò per la sorpresa.

17 *Per traverso*: ostile, contrariato.

18 *Scrutava*: guardava con attenzione.

19 *Proporzionato*: adeguato, che corrisponde alla grandezza della mano.

20 *Percepì*: sentì.

21 *Distratta*: con la mente altrove, assorta in altri pensieri.

22 *Abitacolo*: l'interno della macchina.

23 *Accingendosi a*: mentre stava per.

24 *Chiedere l'elemosina*: chiedere dei soldi in regalo.

Il bambino mosse di nuovo le labbra, e questa volta lei sentì la voce. Solo la voce, le parole no, perché evidentemente parlava un'altra lingua, la lingua della sua nazione o della sua età: fu molto chiaro, invece, che quelle monete non gli bastavano.

Indicava qualcosa nel cassettino vicino alla leva del cambio[25], infilando la mano e tendendo il braccio dentro l'abitacolo, mentre continuava a parlare. Ripeteva la stessa parola, lo stesso suono, questo a Margherita fu chiaro, così non le restò che seguire lo sguardo; guardando e ascoltando capì cosa voleva e cosa stava dicendo, e non era un'altra lingua. Diceva:

– Camamelle[26] –.

Era un pacchetto di caramelle alla menta, da cui ne mancavano alcune che Margherita aveva già mangiato. Lei le prese in mano e gliele porse dicendo:

– Vuoi queste? – ma la domanda era inutile, a giudicare dalla velocità con cui il bambino le prese e si allontanò.

Guardandolo Margherita si accorse che, aprendo il pacchetto, il bambino aveva fatto cadere alcune monete e non si era chinato a raccoglierle.

Nel frattempo il semaforo[27] era diventato verde, lei dovette rimettere in moto e partire, mentre il bambino non aveva mendicato[28] nulla alle altre macchine in coda.

2

La città, sulla costa adriatica, era sempre stata abitata da un certo numero di slavi: più o meno nomadi[29], più o meno integrati, più o meno accettati. Alcuni vivevano ancora negli accampamenti in periferia, altri si erano stanziati[30] e avevano comprato villette, raggruppandosi per vivere vicini.

---

25 *Leva del cambio*: la parte meccanica della automobile che serve a cambiare la marcia della velocità.

26 *Camamelle*: il bambino pronuncia male "caramelle".

27 *Semaforo*: il segnale con luci colorate per regolare il traffico.

28 *Mendicato*: chiesto in elemosina.

29 *Nomadi*: che non hanno una dimora fissa, stabile.

30 *Si erano stanziati*: si erano fermati in un luogo.

Negli ultimi anni poi c'era stato l'arrivo di albanesi, polacchi, extracomunitari, ma gli abitanti erano abituati a convivere con gli stranieri con la tolleranza[31] propria delle città di mare.

Così per Margherita non era una novità vedere mendicanti[32] seduti per terra sui marciapiedi del Corso cittadino vicino le vetrine dei negozi di lusso, lavavetri agli incroci ad aspettare il semaforo rosso, bambini – anche bambini – di solito in gruppo, a chiedere l'elemosina. A volte, addirittura, neonati avvolti negli stracci in braccio a donne sedute per terra, con l'unica funzione di impietosire[33] maggiormente i passanti.

Tutti, anche quelli più piccoli, avevano già imparato la lezione, capito il valore di quelle monete, la filosofia dei soldi[34]. Nessuno, per quello che lei aveva visto, veniva mandato in strada ancora così bambino da preferire le caramelle alle monete.

Solo per questo motivo, pensava Margherita, non riusciva a togliersi dalla mente l'immagine di quel bambino durante tutti i giorni seguenti.

Era Natale; aveva la sgradevole impressione di passare tutto il suo tempo a prendere piatti, distribuirli, metterli in lavastoviglie[35], rimetterli a posto, ricominciando da capo ogni volta, mentre una parte della sua mente era occupata a rivedere e riascoltare quel bambino che voleva le caramelle.

Le feste le avevano messo sempre una grande tristezza addosso, soprattutto quelle di Natale... forse era per questo che quell'anno, nei momenti di pausa, si chiedeva come passassero quei giorni i bambini figli degli zingari, degli albanesi lontani dall'Albania, dei polacchi fuori della Polonia, di quelli che erano lì in città ma sentivano di essere fuori posto.

---

31 *Tolleranza*: rispetto verso idee, convinzioni, comportamenti diversi dai propri.

32 *Mendicanti*: persone che chiedono l'elemosina.

33 *Impietosire*: provocare un sentimento di pietà.

34 *Filosofia dei soldi*: (figurato) il concetto, l'idea relativa all'importanza del denaro.

35 *Lavastoviglie*: elettrodomestico che serve per lavare i piatti.

– Retorica natalizia![36] – aveva detto con razionalità[37] il marito, a cui in un momento di debolezza[38] aveva confidato cosa le passava per la testa.

Retorica, come quella delle pubblicità televisive dei panettoni, piene di alberi di Natale, bambini belli e biondi, musichette commoventi[39], bambini, bambini dappertutto, che aprivano i regali, mangiavano i dolci, recitavano la poesia e aspettavano Gesù Bambino... dappertutto, in tutte le case, tranne che in quella di Margherita.

Passò il Natale; Margherita salutò con un sospiro di sollievo[40] il ritorno al lavoro e la fine delle feste.

3

Sembrava tutto passato, tutto dimenticato, fortunatamente la vita aveva ripreso il suo solito tran-tran[41] che le impediva di pensare troppo: poco tempo, come sempre, accuratamente[42] riempito da tante cose.

Per questo, dopo aver evitato per qualche settimana l'incrocio di strade che le aveva rovinato le vacanze, una mattina Margherita ci si ritrovò senza volerlo, soltanto perché il tragitto[43] che percorreva di solito per andare al lavoro era bloccato per un incidente stradale.

Anche stavolta il semaforo diventò rosso mentre lei stava accelerando[44] per passare, così fu costretta a fermarsi all'ultimo momento, la prima nella fila di macchine ferme.

Così lo rivide: era esattamente nel posto in cui l'aveva visto la prima volta, mentre lei, che percorreva la strada in direzione oppo-

---

36 *Retorica natalizia*: atteggiamento falso e ipocrita, influenzato dall'idea che a Natale ci si sente più buoni.

37 *Razionalità*: comportamento basato sulla ragione, non sui sentimenti.

38 *Debolezza*: mancanza di forza.

39 *Commoventi*: che fanno provare emozioni e sentimenti d'affetto, di partecipazione.

40 *Sospiro di sollievo*: un lungo respiro per la fine di un fastidio, di un dolore.

41 *Solito tran-tran*: l'abituale ritmo di vita.

42 *Accuratamente*: con attenzione.

43 *Tragitto*: percorso, strada.

44 *Accelerando*: aumentando la velocità.

sta[45], stavolta era dall'altra parte dell'incrocio e non poteva regalargli niente.

Non aveva dubbi: era lui; la cosa che glielo rese inconfondibile[46] fu l'atteggiamento distratto[47]: invece di approfittare[48] della possibilità di avere qualche spicciolo[49], era seduto sul muretto che delimitava[50] la strada da un campetto[51] e giocava a testa china[52] con qualcosa che aveva in mano, un grosso pezzo di legno; il bambino alzò la testa mentre Margherita lo guardava, ma incurante[53] delle macchine ferme si mise ad osservare i rami del salice che sfioravano il muretto, cercando di afferrare le foglie. Margherita si accorse che intanto muoveva le labbra: evidentemente parlava da solo. Non si accorse, invece, che il semaforo era diventato verde; quando gli automobilisti dietro di lei cominciarono a suonare il clacson, confusa ingranò la marcia[54] e ripartì, guardandolo finché poteva nello specchietto retrovisore[55].

Per tutta la giornata rimase come assorta, imbambolata[56]; al lavoro se ne accorsero tutti.

Al ritorno prese la stessa strada, sperando di rivederlo stavolta nella direzione giusta perché si avvicinasse alla macchina, ma non c'era.

Pensò che forse andava a pranzare da qualche parte; probabilmente qualcuno lo passava a prendere all'incrocio e poi ce lo riportava nel pomeriggio: lì vicino non c'erano tende, né roulotte; quali capacità di spostamento autonomo[57] poteva avere un bambino di quell'età?

---

45 *Opposta*: contraria.

46 *Inconfondibile*: caratteristico, che non si può confondere con un altro.

47 *Atteggiamento distratto*: modo di fare di chi pensa ad altro.

48 *Approfittare*: sfruttare una situazione a proprio vantaggio.

49 *Spicciolo*: moneta.

50 *Delimitava*: segnava il confine, il limite.

51 *Campetto*: piccolo campo.

52 *China*: bassa.

53 *Incurante*: indifferente, disattento.

54 *Ingranò la marcia*: mettere la marcia per far partire l'automobile.

55 *Specchietto retrovisore*: il piccolo specchio che permette a chi guida di guardare alle proprie spalle.

56 *Assorta, imbambolata*: intenta a pensare ad altro, immobile e inespressiva come una bambola.

57 *Spostamento autonomo*: cambiare posto o strada da solo, senza l'aiuto di nessuno.

Pensava a queste cose, al ritorno, arrivata all'incrocio vuoto; prima di salire in macchina aveva comprato due pacchetti di caramelle assortite.

4

C'era invece, due giorni dopo, nel tardo pomeriggio.

Minacciava di piovere, tirava vento; Margherita fu sconvolta[58] al pensiero che qualcuno potesse averlo portato lì senza preoccuparsi del fatto che poteva soffrire il freddo, bagnarsi per la pioggia, ammalarsi.

Era fermo vicino al palo del semaforo, non si muoveva, non si avvicinava; Margherita, che questa volta aveva altre due macchine davanti alla sua, temette di dover ripartire portando ancora con sé le caramelle e le monete che gli aveva preparato.

Così abbassò il finestrino, sporse il braccio fuori e gli fece cenno di avvicinarsi. Prese anche i pacchetti di caramelle, glieli mostrò quasi gridando:

– Le vuoi? – così finalmente riuscì ad attirare la sua attenzione.

Nel frattempo il semaforo diventò verde, ma lei non aveva più voglia di andare via.

Gli fece cenno di scostarsi, mise la freccia[59] e accostò per lasciar passare le macchine.

Il bambino incuriosito[60] la seguì, si riavvicinò al finestrino aperto, prese le caramelle che lei gli tendeva.

Margherita non poteva spegnere il motore e scendere, era in un punto troppo pericoloso, così rimase soltanto a guardarlo col respiro che le si mozzava in gola[61], mentre lui attentamente percorreva con lo sguardo l'interno della macchina, si fermava sul cruscotto[62] e indicava col piccolo dito un pacchetto di fazzolettini di carta.

---

58 *Sconvolta*: alterata, fuori di sé, turbata.

59 *Mise la freccia*: il segnale lampeggiante dell'automobile che indica che si sta per girare a destra o a sinistra.

60 *Incuriosito*: che prova curiosità, vuol vedere o sapere qualcosa.

61 *Si mozzava in gola*: le si fermava per lo stupore e la tensione nervosa.

62 *Cruscotto*: la parte interna dell'automobile dove ci sono i comandi per la guida e il controllo.

Lei glieli diede in silenzio e lui si allontanò senza neanche guardarla, così lei ripartì, con le lacrime che le offuscavano gli occhi[63] e scendevano.

5

Passò due giorni e due notti a pensare, fuori di sé, anzi fuori dal mondo, scendendo in fondo a se stessa e trovando una serie di pensieri ed emozioni che non aveva percepito[64] mai con chiarezza e che nelle ultime settimane avevano fatto capolino[65] alla sua coscienza, fino ad esplodere dopo l'ultimo incontro.

Tutte quelle ingiustizie che la circondavano e l'egoismo che riempiva la sua vita non le avevano mai fatto così male; quella casa così bella e così silenziosa improvvisamente le sembrava morta; i ritmi del suo tempo erano sempre più frenetici[66], scanditi[67] da attività diventate quasi obbligatorie, nate come un piacere e un arricchimento di stimoli e diventate man mano tiranne[68], in una girandola[69] a cui non poteva sottrarsi per paura che il vuoto, la lentezza, il silenzio la ingoiassero e la facessero soffrire.

Ci voleva qualcuno che in quel silenzio vociasse[70] e ridesse; qualcuno che non rispettasse gli orari e le abitudini; qualcuno che non fosse così serio e concentrato[71] come lei e il marito, che potesse costringerla a perdere tempo, ad uscire di casa senza uno scopo concreto[72], che le desse un buon motivo per accendere la luce quando rimaneva sola e fuori era buio.

Il terzo giorno, l'ultimo di assenza[73] dal lavoro, uscì di casa e andò dritta a quell'incrocio, decisa a prenderselo.

---

63 *Offuscavano gli occhi*: impedivano di vedere bene.
64 *Percepito*: capito.
65 *Avevano fatto capolino*: erano apparse, si erano mostrate.
66 *Frenetici*: agitati, veloci.
67 *Scanditi*: regolati, ritmati.
68 *Tiranne*: prepotenti, che limitano la libertà.
69 *Girandola*: veloce susseguirsi di fatti e azioni.
70 *Vociasse*: parlasse ad alta voce, facendo confusione.
71 *Serio e concentrato*: responsabile e raccolto verso uno scopo ben preciso.
72 *Scopo concreto*: motivo pratico, ben chiaro.
73 *Assenza*: mancanza.

Pensava:

"Sono impazzita!", ma intanto si sentiva così felice che non le importava se le aveva dato di volta il cervello[74].

Questa volta parcheggiò l'auto in vista dell'incrocio e scese, dirigendosi speditamente verso di lui. Lo trovò che cercava di arrampicarsi sul palo del semaforo ma scivolava di nuovo a terra e ricominciava da capo.

Gli si avvicinò, chiedendosi se l'avrebbe riconosciuta; decise in una frazione di secondo[75] di parlargli con totale naturalezza[76], come se si conoscessero perfettamente:

– Vuoi venire con me?

Il bambino all'inizio non si voltò nemmeno, continuando ad arrampicarsi.

– Vuoi venire nella mia macchina? Ho un sacco di[77] cose che potrebbero piacerti.

Lui finalmente si voltò, la guardò in faccia, poi guardò la macchina e si illuminò, mostrando di capire di chi si trattasse; solo allora scese dal palo e si incamminò davanti a lei.

Quando arrivarono all'automobile, Margherita aprì lo sportello laterale e si appoggiò al cofano[78], guardandolo e aspettando che entrasse.

Lui si affacciò dentro l'abitacolo, ma non entrò; dopo qualche secondo prese in mano l'orsacchiotto di stoffa rossa che era incastrato tra il cruscotto e il vetro (regalo del marito per un S. Valentino[79] di molti anni prima, a cui lei teneva moltissimo) e stese il braccio verso di lei dicendo:

– Mio?

– Sì, è tuo.

Ebbe solo il tempo di dire questo, Margherita, che il bambino si voltò e se ne andò con l'orsacchiotto in mano, verso l'incrocio.

---

74 *Le aveva dato di volta il cervello*: era impazzita.

75 *Frazione di secondo*: in un attimo.

76 *Totale naturalezza*: grande spontaneità e semplicità.

77 *Sacco di*: molte.

78 *Cofano*: la parte anteriore dell'automobile, sotto la quale c'è il motore.

79 *S. Valentino*: la festa degli innamorati, che si celebra il 14 febbraio.

6

Al secondo tentativo, invece, ci riuscì.

Non c'era nient'altro nella macchina che il bambino poteva chiedere, così si decise ad entrare e a sedersi a fianco a lei; per tutto il tragitto fino a casa, che Margherita compì col cuore in gola[80] e a velocità ridottissima (forse perché le sembrava di trasportare qualcosa di prezioso o di molto fragile), lui fu molto impegnato a guardarsi attorno, ad accarezzare la stoffa che ricopriva il sedile, a curiosare[81] nel cassetto che aveva davanti a sé.

Mise in tasca alcune monete che aveva trovato, sapendo ormai che Margherita gliele avrebbe date; lei si chiese come poteva spiegargli che si trattava di monete straniere rimaste lì da viaggi passati e che quindi non gli sarebbero servite a niente, poi rinunciò a farlo.

Arrivati sotto casa, lei cercò di prenderlo per mano per portarlo fino al portone, ma lui si divincolò[82] e cominciò a seguirla a qualche passo di distanza. Sembrava assolutamente tranquillo e neanche incuriosito dalla novità.

Appena entrato a casa, si diresse verso il divano della sala, si sedette e continuò a giocare con le monete, senza guardarsi attorno.

Margherita si sedette di fronte, sentendo che doveva fare qualcosa per vincere l'imbarazzo[83] e far finta che fosse tutto molto naturale. Così con le mani che le tremavano andò in cucina e cominciò a preparare una cioccolata, apparecchiando il vassoio[84] con i biscotti e le merendine che trovò nella dispensa[85].

Il bambino mangiò qualcosa, quasi niente, poi iniziò a sbadigliare e nel giro di pochi minuti si addormentò. Margherita rimase a guardarlo e a chiedersi cosa avrebbe detto al marito che stava per tornare a casa.

---

80 *Cuore in gola*: (figurato) molto emozionata e nervosa.

81 *Curiosare*: osservare, cercare con curiosità.

82 *Si divincolò*: si contorse per liberarsi.

83 *Imbarazzo*: disagio, confusione.

84 *Vassoio*: grande piatto usato per trasportare cibi o altri recipienti come bicchieri, tazze, ecc.

85 *Dispensa*: mobile dove si tengono le provviste alimentari.

Poi leggermente gli tolse le scarpe e lo stese più comodamente sul divano, lo coprì con una coperta e uscì dalla stanza, accendendo la luce nel corridoio, perché non si spaventasse quando si svegliava.

7

– Sei pazza! Completamente pazza! Adesso lo sveglierai e lo riporterai dove l'hai trovato! – ripeteva il marito con voce concitata[86] ma bassa, per non farsi sentire.

Erano in cucina, Margherita cucinava davanti ai fornelli, si muoveva velocemente da un punto all'altro della stanza.

– Ti rendi conto che è sequestro di minore[87]? Che hai commesso un reato[88]? Che corriamo anche il rischio di trovarci gli zingari sotto casa che se lo vengono a riprendere?

Ripeteva da mezz'ora questa tiritera[89] e Margherita cominciava a non poterne più:

– Cosa pensi che gliene importi a quella gente che lo manda in strada senza nessuna cura della sua salute, senza preoccuparsi se gli succede qualcosa?

– Gliene importa perché è loro proprietà, avrà dei genitori...

– Bei genitori! – lo interruppe ironica[90].

– A quei genitori quel bambino rende dei soldi, lo vuoi capire? Non se lo lasceranno portare via. – incalzò[91] lui – Ma cosa pensi, che uno possa prendersi un bambino dalla strada come se fosse un gatto? Lo sai che c'è una legge?

– Quale legge? – Margherita a questo punto si infuriò[92] e alzò la voce – Di quale legge mi parli? Quella che permette che venga sfruttato[93], che

---

86 *Concitata*: eccitata, nervosa.

87 *Sequestro di minore*: rapimento di un bambino o di un ragazzino che non ha compiuto 18 anni.

88 *Commesso un reato*: fatto un'azione contro la legge.

89 *Tiritera*: discorso ripetitivo e noioso.

90 *Ironica*: si dice di chi mette in evidenza un fatto dicendo esattamente il contrario.

91 *Incalzò*: continuò senza tregua.

92 *Si infuriò*: si arrabbiò molto.

93 *Venga sfruttato*: ci si approfitti di lui, mandandolo a chiedere l'elemosina per prendersi i soldi.

passi le giornate al freddo e alla pioggia a chiedere l'elemosina? Quanti assistenti sociali[94] saranno passati da lì? Quanti giudici minorili[95]? Quanti poliziotti? Possibile che l'ho visto soltanto io, quel bambino?

Mentre gridava Margherita cominciò a sbattere gli oggetti che aveva in mano, cosa che di solito faceva imbestialire[96] il marito, che si alzò, le bloccò le mani e cercò di abbracciarla.

– Se vuoi un figlio lo puoi dire chiaramente, invece di fare queste follie.

Margherita offesa[97] si divincolò e gli disse:

– Non voglio un figlio, voglio quel bambino.

Rimasero in silenzio per qualche secondo, giusto il tempo necessario per sentire alcuni rumori provenienti dall'altra stanza e capire che si era svegliato.

Margherita andò di là e lo trovò dietro i vetri che guardava in balcone. Era rimasto a piedi scalzi[98] e lei si avvicinò e lo fece sedere sul divano per mettergli le scarpe dicendo:

– Prendi freddo, così.

Poi lo guardò per bene, dalla testa ai piedi, e si rese conto che era sporco, così lo prese per mano e lo portò verso il bagno, dove cominciò a riempire la vasca di acqua tiepida[99], preparando asciugamani, asciugacapelli e tutto quello che pensava poteva servirle.

Il bambino la guardava ogni tanto, ma per lo più teneva gli occhi bassi e non diceva niente. Il marito la seguì dalla sala al bagno a poca distanza, rimanendo a guardarla ammutolito[100] e con una strana smorfia[101] di dolore. Poi uscì dal bagno con un'espressione rassegnata[102].

---

94 *Assistenti sociali*: figure professionali al servizio di vari enti che si occupano di assistere, aiutare chi è in difficoltà, come ad esempio i bambini, gli anziani, i malati.

95 *Giudici minorili*: i giudici che si occupano delle materie che riguardano i minorenni.

96 *Imbestialire*: arrabbiarsi fino a perdere la ragione.

97 *Offesa*: risentita come chi ha ricevuto un danno o un insulto.

98 *A piedi scalzi*: senza scarpe.

99 *Tiepida*: non troppo calda.

100 *Ammutolito*: senza parlare.

101 *Smorfia*: contrazione del viso.

102 *Rassegnata*: disposto a sopportare, incapace di lottare.

8

Gli fece il bagno, gli lavò i capelli, lo asciugò e lo rivestì spazzolandogli i vestiti e canticchiando a bassa voce.

Quando ebbe finito lo guardò come aveva fatto prima e lo trovò molto più carino.

I capelli erano lucidi e avevano qualche sfumatura[103] molto chiara, le mani con le unghie pulite sembravano quelle di un bambino abituato a toccare i quaderni e il gesso[104] bianco della scuola. Pensò che avrebbe potuto comprargli dei vestiti nuovi, se avesse avuto il tempo, ma non sapeva l'età e di taglie[105] per bambini non se ne intendeva[106]: quando comprava i vestiti ai nipoti le cognate[107] erano sempre molto precise nel darle istruzioni[108].

– Mi dispiace – disse – dovevo pensarci prima e organizzarmi. Scusami! –, ma non capì se lui l'aveva sentita e se aveva capito.

Quando uscì dal bagno tenendolo per mano il marito era seduto in sala e aveva già indossato l'impermeabile.

Lei gli passò vicino dicendogli:

Non c'è bisogno che vieni anche tu.

Lui rispose mormorando[109]:

– Non fare sciocchezze! – ma lei era già vicino alla porta d'ingresso col bambino per la mano.

In macchina, verso l'incrocio, a differenza che all'andata, andò veloce. Avrebbe voluto anzi correre di più ma c'era un certo traffico.

Frenò bruscamente, aprì lo sportello per farlo scendere e lui fu velocissimo a tornare nella sua postazione abituale[110], mentre lei ripartiva e pensava:

"Sarebbe normale piangere", ma aveva gli occhi assolutamente asciutti.

Arrivata a casa, lasciò la macchina fuori del cancello e salì, soltanto il tempo di fare le valigie[111].

---

103 *Sfumatura*: tono di colore.
104 *Gesso*: pezzettino di minerale bianco che serve a scrivere sulla lavagna.
105 *Taglie*: Misure degli abiti.
106 *Non se ne intendeva*: non era esperta, non le conosceva bene.
107 *Cognate*: le sorelle del marito o le mogli dei fratelli.
108 *Istruzioni*: indicazioni precise su cosa fare.
109 *Mormorando*: parlando a bassa voce.
110 *Postazione abituale*: luogo dove era di solito.
111 *Fare le valigie*: preparare i bagagli per andarsene.

ATTIVITÀ
Una madre apprensiva

1

Rispondi alle domande che seguono:

	Vero	Falso
1. Margherita va a parlare con lo zio	❑	❑
2. Margherita è molto allegra	❑	❑
3. Margherita ha litigato con la madre	❑	❑
4. Margherita è un accanita fumatrice	❑	❑
5. Margherita vive sola	❑	❑
6. Il padre di Margherita cerca di mettere pace	❑	❑
7. Nel dialogo interviene un terzo personaggio	❑	❑
8. Un amico è andato da Margherita alle dieci del mattino	❑	❑
9. I genitori le hanno regalato una ricetrasmittente	❑	❑
10. Il dialogo avviene sulla spiaggia	❑	❑

2

Completa il brano che segue con le informazioni ricavate dal testo:

Margherita e la sua famiglia

Margherita ha .... anni ed è andata a vivere da .... Poiché la madre è molto .... le ha regalato un .... Il padre è .... ma Margherita va sulla sua tomba a parlargli e immagina veri e propri discorsi. Lui ha un carattere molto .... e cerca sempre di farle fare pace con la madre. Questa volta hanno litigato perché lei ha invitato un .... a casa alle undici di .... Margherita è così nervosa che ha già fumato .... sigarette e l'ultima la spegne nel .... di fiori che è posto davanti alla lapide del padre. Quando va via Margherita si è calmata, ha solo l'aria ..... e imbarazzata.

3

Completa le frasi del testo con la forma del modo congiuntivo:

a. Che adesso si ....(permettere) di sindacare su chi ricevo, questo no!
b. Tua madre si preoccupa perché tu non ....(dovere) avere brutte sorprese.
c. È inutile che io ......(essere) venuta a parlare con te.
d. Se pensi che lei ....(avere) ragione puoi dirmelo.
e. Come si fa a pensare che un amico si ....(tramutare) in un bruto?
f. Il fatto che tu l' ....(aver sopportato) non mi obbliga a fare altrettanto.

4

Insieme ad un compagno e con l'aiuto dell'insegnante prepara e recita un dialogo tra Margherita e il padre, in cui lei gli racconta della lite avuta con la madre e gli chiede di aiutarla a far pace con lei; il padre invece, è all'oscuro di tutto e, appena sentito il racconto della figlia, giudica con severità il suo comportamento.
Per fare questo, prepara prima uno schema con tutte le informazioni che ti sono necessarie.

ATTIVITÀ
Il vestito da sposa

1

Completa la seguente tabella:

PERSONAGGI	ETÀ	CARATTERISTICHE	RUOLO
Margherita			protagonista
Anna	anziana		nonna di Margherita
Mamma			
	morta		
Francesca			
Mario			
Giulio			amante della madre di Margherita

2

Rispondi alle seguenti domande:

1. Quante donne della famiglia hanno già indossato il vestito da sposa?
2. Quanti giorni prima del matrimonio Margherita tornerà a casa?
3. Quanti figli aveva avuto la zia Silvana prima di morire?
4. Perché la madre di Margherita non ha visto la sorella morta?
5. Perché Margherita è sicura che il vestito non sia stato messo alla zia Silvana?
6. Come si scopre che la madre di Margherita aveva un amante?
7. Quale prova d'amore esige l'amante dalla madre di Margherita?

3

Completa le seguenti frasi con i verbi adatti:

Al condizionale presente:

a. ____________________ (potere/tu) andare a casa il prossimo fine settimana.

b. ____________________ (essere/io) felicissima di vederti il giorno del tuo matrimonio.
c. Non avevo dubbi che ti ____________________ (avere/io) raccontato tutti i particolari.

Al futuro semplice:
d. ____________________ (tornare/io) a casa solo tre giorni prima.
e. Ho deciso che ____________________ (andare/io) io stessa a cercare.
f. ____________________ (avere/tu) notizie al più presto.

Al passato prossimo:
g. ____________________ (andare/io) a cercare in soffitta.
h. Io ____________________ (cominciare/io) a gridare.
i. Mi ____________________ (guardare/io) allo specchio e mi sono piaciuta.

4

Cerca ed elenca le abitudini relative al matrimonio presenti nel testo. Fai poi un confronto con le abitudini presenti nella tua nazione.

5

Scrivi una lettera ai tuoi genitori per annunciare loro che hai deciso di sposarti e spiegare come organizzerai la cerimonia.

ATTIVITÀ
Un mese in montagna

1

Rispondi alle seguenti domande:

a. Quanto durerà il soggiorno del protagonista in montagna?
b. Chi gli consiglia di adattarsi alla casa?
c. Ci sono elettrodomestici in casa?
d. Cosa gli consiglia di visitare la vecchina del bar?
e. Cosa scopre da solo il protagonista?
f. A quale ente si potrebbe denunciare il vecchio collezionista vicino di casa?
g. Chi gli spedisce il pacchettino accompagnato da una lettera?
h. Cosa gli manda il vecchio in regalo?

2

Metti in ordine le seguenti sequenze in modo che riproducano lo svolgimento del racconto:

a. Il vecchio vicino di casa lo invita a visitare la sua collezione di oggetti antichi.
b. Il medico aveva detto al protagonista che ha bisogno di riposo.
c. Il Sindaco del paese gli spedisce una pacchetto, omaggio del vecchio.
d. Il protagonista apre il pacchetto e rimane stupito dal contenuto.
e. Il protagonista prova molto disagio perché nella casa affittata mancano tutte le comodità.
f. Il protagonista decide di interrompere il soggiorno e torna in città.
g. Il protagonista si dà da fare per ambientarsi in paese e trascorrere le giornate.

3

Completa il testo che segue con le opportune preposizioni (di, a, da, in, con, su, per, tra, fra):

Era arrivato solo... poche ore e già si chiedeva cosa succedesse... ufficio, cosa facessero i suoi figli, sua moglie, i suoi amici, sicuri ... loro tragitti abituali, ... strade piene ... folla e ... rumore. Si rispose .... un altro pensiero sgradevole: "Certo non pensano ... me".
Allora decise... fare qualcosa ... adattarsi, ... scacciare l'ansia che gli causava tutto quel silenzio: "Tutto sommato – diceva... se stesso mentre sistemava le sue cose ... armadio e ... comodino – qualcosa... fare e ... vedere ci sarà anche qui".

4

Collega con una freccia il nome con l'aggettivo corrispondente:

a. Ricettari	1. Da taschino
b. Figli	2. Cittadini
c. Vecchi	3. Indolenti
d. Scavi	4. Locale
e. Orologio	5. Incise
f. Decorazioni	6. Indispensabili
g. Chiesa	7. Antichi
h. Elettrodomestici	8. Archeologici

5

Immaginando di essere il protagonista del racconto scrivi una lettera di risposta al Sindaco del paese di montagna, in cui gli comunichi che non accetti il regalo del vecchio e lo rispedisci al mittente. Nota che la lettera è piuttosto formale nell'intestazione (Egregio...), nell'uso del "Lei" e dei verbi alla III persona, nel lessico formale. Anche la tua risposta deve avere lo stesso tono!

6

Insieme ad un compagno, prepara e recita in classe un dialogo con queste caratteristiche:

Personaggi: il vecchio collezionista e il cittadino in vacanza;
Scopi: il vecchio collezionista vuole guadagnare il più possibile
Il cittadino vuole comprare qualche antico cimelio.

ATTIVITÀ
Natale

1

Segna la risposta giusta:

1. Alla fine del racconto, Margherita va via perché:
   a. È arrabbiata col marito
   b. Scappa portando con sé il bambino
   c. Non le piace più la sua vita

2. Durante il primo incontro, Margherita offre al bambino:
   a. Una fetta di torta
   b. Le caramelle
   c. Un giocattolo

3. La storia si svolge:
   a. In una città di mare
   b. In un paese di montagna
   c. A Milano

4. Prima di riuscire a farlo salire in macchina, Margherita vede il bambino:
   a. Tre volte
   b. Cinque volte
   c. Una volta

5. Il bambino:
   a. Racconta a Margherita la storia della sua vita
   b. Piange sempre
   c. Parla poco ed è distratto

6. Il marito ha regalato a Margherita per San Valentino:
   a. Un orsacchiotto rosso
   b. Un mazzo di fiori
   c. Un anello di brillanti

7. Al pranzo di Natale Margherita preparerà:
   a. Il brodo di tacchino
   b. Il salmone affumicato
   c. I tortellini alla panna

8. Margherita trascorre il Natale:
   a. Col marito in un'isola tropicale.
   b. Con la sua famiglia, poi con quella del marito e infine con gli amici.
   c. Con la famiglia del marito, poi con la sua e infine con gli amici.

2

a. Scegli, tra i seguenti, gli aggettivi che si adattano al marito di Margherita:

affettuoso, razionale, serio, dolce, efficiente, rassegnato, paterno, preoccupato

b. Scegli, tra i seguenti, gli aggettivi che si adattano a Margherita:

affettuosa, nervosa, materna, spensierata, allegra, indecisa, giovane, insensibile

3

Unisci con una freccia la parola con la definizione giusta:

1. Abitacolo	a. Negozio di articoli di cancelleria
2. Cruscotto	b. Elettrodomestico che lava i piatti
3. Lavastoviglie	c. La zona esterna della città
4. Periferia	d. Lo spazio interno dell'automobile
5. Cartoleria	e. Parte dell'auto dove ci sono i comandi

4

Cerca ed elenca tutte le parole comprese nel testo che indicano parti dell'automobile.

5

Nel testo ci sono alcune espressioni figurate, usate di solito nel linguaggio orale. Rispondi a queste domande e poi prova a inventare delle frasi con queste espressioni.

1. Cos'è che 'mette al buono'?
a. Il tempo
b. L'umore
c. Il mare

2. Il 'tran-tran' è:
a. Un mezzo pubblico di locomozione
b. Il ritmo frenetico delle cose da fare
c. Un piatto tipico della cucina giapponese

3. Avere 'il cuore in gola' significa:
a. Essere gravemente ammalati
b. Essere molto emozionati
c. Non riuscire a parlare

4. 'Mozzare il fiato' significa:
a. Uccidere per soffocamento
b. Levare il respiro per l'emozione o lo stupore
c. Tagliare la testa a qualcuno

5. La 'solita tiritera' è:
a. Una canzoncina popolare
b. Un discorso noioso e monotono
c. Uno strumento musicale

6

Ricerca i verbi al passato remoto contenuti nel capitolo otto e trasformali al passato prossimo.

CHIAVI

Una madre apprensiva

1

1 F, 2 F, 3 V, 4 V, 5 V, 6 V, 7 F, 8 F, 9 F, 10 F.

2

Trenta, sola, apprensiva, cellulare, morto, conciliante, amico, sera, otto, vaso, triste.

3

Permetta, debba, sia, abbia, tramuti, abbia sopportato.

Il vestito da sposa

1

PERSONAGGI	ETÀ	CARATTERISTICHE	RUOLO
Margherita	giovane	disinvolta, efficiente	protagonista
Anna	anziana	tirannica, tradizionalista, romantica	nonna di Margherita
Mamma	media	arrendevole, vendicativa, pungente	madre di Margherita
Silvana	giovane	morta	zia di Margherita
Francesca	bambina	curiosa	amica di Margherita
Mario	giovane	marito tradito	padre di Margherita
Giulio	giovane	passionale	amante della madre di Margherita

2

1. Tre.
2. Tre
3. Nessuno.
4. Perché era al settimo mese di gravidanza.
5. Perché lo vedeva in soffitta da bambina, dopo la morte della zia.
6. Perché la nonna trova un vecchio diario in soffitta e lo legge.
7. La distruzione del vestito da sposa.

3

a. Potresti
b. Sarei
c. Avrei
d. Tornerò
e. Andrò
f. Avrai
g. Sono andata
h. Ho cominciato
i. Sono guardata

Un mese in montagna

1

a: un mese; b: il Sindaco; c: no; d: il laghetto, il cimitero e la rocca; e: la pineta; f: alla Sovrintendenza dei Beni Artistici e Culturali; g: il Sindaco; h: un orologio da taschino senza lancette e alcune tempere raffiguranti gli affreschi di San Leonardo.

2

e, b, g, a, f, c, d.

3

da, in, nei, di, di, con, a, di, per, per, a, nell', nel, da, da.

4

a-7; b-2; c-3; d-8; e-1; f-5; g-4; h-6.

Natale

1

1-c; 2-b; 3-a; 4-a; 5-c; 6-a; 7-b; 8-b.

2

a: *razionale, serio, efficiente, rassegnato, preoccupato.*
b: *affettuosa, nervosa, materna, giovane.*

3

1-d; 2-e; 3-b; 4-c; 5-a.

4

Abitacolo, cruscotto, sportello laterale, freccia, specchietto retrovisore, finestrino, leva del cambio, pulsante, cofano, cassetto.

5

1-a; 2-b; 3-b; 4-b; 5-b.

6

Ha fatto, ha lavato, ha asciugato, ha rivestito, ha guardato, ha trovato, ha pensato, ha detto, ha capito, è uscita, è passata, ha risposto, è andata, ha frenato, ha aperto, è stato, ha lasciato, è salita.

L'italiano per stranieri

Amato
Mondo italiano
testi autentici sulla realtà sociale
e culturale italiana
- libro dello studente
- quaderno degli esercizi

Ambroso e Stefancich
Parole
10 percorsi nel lessico italiano
esercizi guidati

Avitabile
Italian for the English-speaking

Balboni
GrammaGiochi
per giocare con la grammatica

Ballarin e Begotti
Destinazione Italia
l'italiano per operatori turistici
- manuale di lavoro
- 1 audiocassetta

Barki e Diadori
Pro e contro
conversare e argomentare in italiano
- **1** liv. intermedio - libro dello studente
- **2** liv. interm.-avanz. - libro dello studente
- guida per l'insegnante

Battaglia
Grammatica italiana per stranieri

Battaglia
Gramática italiana para estudiantes de habla española

Battaglia
Leggiamo e conversiamo
letture italiane con esercizi
per la conversazione

Battaglia e Varsi
Parole e immagini
corso elementare di lingua italiana
per principianti

Bettoni e Vicentini
Passeggiate italiane
lezioni di italiano - livello avanzato

Bettoni e Vicentini
Imparare dal vivo **
lezioni di italiano - livello avanzato
- manuale per l'allievo
- chiavi per gli esercizi

Buttaroni
Letteratura al naturale
autori italiani contemporanei
con attività di analisi linguistica

Camalich e Temperini
Un mare di parole
letture ed esercizi di lessico italiano

Carresi, Chiarenza e Frollano
L'italiano all'opera
attività linguistiche
attraverso 15 arie famose

Cherubini
L'italiano per gli affari
corso comunicativo di lingua
e cultura aziendale
- manuale di lavoro
- 1 audiocassetta

Cini
Strategie di scrittura
quaderno di scrittura - livello intermedio

Diadori
Senza parole
100 gesti degli italiani

du Bessé
PerCORSO GUIDAto guida di Roma
con attività ed esercizi di italiano

du Bessé
PerCORSO GUIDAto guida di Firenze
con attività ed esercizi di italiano

Gruppo META
Uno
corso comunicativo di italiano
primo livello
- libro dello studente
- libro degli esercizi e grammatica
- guida per l'insegnante
- 3 audiocassette

Gruppo META
Due
corso comunicativo di italiano
secondo livello
- libro dello studente
- libro degli esercizi e grammatica
- guida per l'insegnante
- 4 audiocassette

Gruppo NAVILE
Dire, fare, capire
l'italiano come seconda lingua
- libro dello studente
- guida per l'insegnante
- 1 audiocassetta

Humphris, Luzi Catizone, Urbani
Comunicare meglio
corso di italiano
livello intermedio-avanzato
- manuale per l'allievo
- manuale per l'insegnante
- 4 audiocassette

***Istruzioni per l'uso dell'italiano in classe** 1*
88 suggerimenti didattici
per attività comunicative

***Istruzioni per l'uso dell'italiano in classe** 2*
111 suggerimenti didattici
per attività comunicative

Jones e Marmini
Comunicando s'impara
esperienze comunicative
- libro dello studente
- libro dell'insegnante

Maffei e Spagnesi
Ascoltami!
22 situazioni comunicative
- manuale di lavoro
- 2 audiocassette

Marmini e Vicentini
Passeggiate italiane
lezioni di italiano - livello intermedio

Marmini e Vicentini
Imparare dal vivo *
lezioni di italiano - livello intermedio
- manuale per l'allievo
- chiavi per gli esercizi

Marmini e Vicentini
Ascoltare dal vivo
manuale di ascolto - livello intermedio
- quaderno dello studente
- libro dell'insegnante
- 3 audiocassette

Paganini
ìssimo
quaderno di scrittura - livello avanzato

Pontesilli
I verbi italiani
modelli di coniugazione

Quaderno IT - n. 2
esame per la certificazione
dell'italiano come L2 - livello avanzato
prove del 1996 e del 1997
- volume+audiocassetta

Quaderno IT - n. 3
esame per la certificazione
dell'italiano come L2 - livello avanzato
prove del 1998 e del 1999
- volume+audiocassetta

Radicchi
Corso di lingua italiana
livello intermedio

Classici italiani per stranieri
testi con parafrasi a fronte* e note

1. Leopardi • ***Poesie****
2. Boccaccio • ***Cinque novelle****
3. Machiavelli • ***Il principe****
4. Foscolo • ***Sepolcri e sonetti****
5. Pirandello • ***Così è (se vi pare)***
6. D'Annunzio • ***Poesie****
7. D'Annunzio • ***Novelle***
8. Verga • ***Novelle***
9. Pascoli • ***Poesie****
10. Manzoni • ***Inni, odi e cori****
11. Petrarca • ***Poesie****
12. Dante • ***Inferno****
13. Dante • ***Purgatorio****
14. Dante • ***Paradiso****
15. Goldoni • ***La locandiera***
16. Svevo • ***Una burla riuscita***

Libretti d'Opera per stranieri
testi con parafrasi a fronte* e note

1. ***La Traviata****
2. ***Cavalleria rusticana****
3. ***Rigoletto****
4. ***La Bohème****
5. ***Il barbiere di Siviglia****
6. ***Tosca****
7. ***Le nozze di Figaro***
8. ***Don Giovanni***
9. ***Così fan tutte***
10. ***Otello****

Letture italiane per stranieri

1. Marretta • ***Pronto, commissario...? 1***
16 racconti gialli con soluzione
ed esercizi per la comprensione del testo

2. Marretta • ***Pronto, commissario...? 2***
16 racconti gialli con soluzione
ed esercizi per la comprensione del testo

3. Marretta • ***Elementare, commissario!***
8 racconti gialli con soluzione
ed esercizi per la comprensione del testo

Mosaico italiano

1. Santoni • ***La straniera***
2. Nabboli • ***Una spiaggia rischiosa***
3. Nencini • ***Giallo a Cortina***
4. Nencini • ***Il mistero del quadro di Porta Portese***
5. Santoni • ***Primavera a Roma***
6. Castellazzo • ***Premio letterario***
7. Andres • ***Due estati a Siena***
8. Nabboli • ***Due storie***
9. Santoni • ***Ferie pericolose***
10. Andres • ***Margherita e gli altri***

Bonacci editore

Finito di stampare nel mese di marzo 2000 dalla Tibergraph s.r.l. - Città di Castello (PG)